Mein Wunderbuch

Hinweise

Die im Buch veröffentlichen Ratschläge wurden von der Verfasserin mit größter Sorgfalt erarbeitet und geprüft. Eine Garantie kann jedoch nicht übernommen werden. Ebenso ist eine Haftung der Verfasserin und ihrer Beauftragten für Personen-, Sach- oder Vermögensschäden ausgeschlossen.

Das vorliegende Werk wurde sorgfältig erarbeitet. Dennoch übernimmt die Autorin für die Richtigkeit von Angaben, Hinweisen und Ratschlägen sowie eventuellen Druckfehlern keine Haftung. Die Informationen in diesem Buch verstehen sich nicht als Ersatz für den Rat eines Arztes / Heilpraktikers.

Für meine geliebte kleine Schwester,

Du bist mein Wunder in meinem Leben!

Hab Dich ganz doll lieb!

Bibliografische Informationen der Deutschen Nationalbibliothek:
Die Deutsche Nationalbibliothek verzeichnet diese Publikation in der
Deutschen Nationalbiografie; detaillierte bibliografische Daten sind im Internet
über http: // dnb.dnb.de abrufbar.

1. Auflage, April 2020, © Isidora Lux

Mein Wunderbuch

Design und Text © Isidora Lux

Herstellung und Verlag

BoD – Books on Demand, Norderstedt

ISBN: 9783751908139

Willkommen zu Deinem Wunderbuch!

Darf ich vorstellen, das ist Dein eigenes Wunderbuch! Mit diesem Dich 99 Tage begleitenden und inspirierenden Buch, kannst Du Deine eigenen Wunder erschaffen.

Du kannst

a) mit Deinem Tarot (oder jedem anderen schönen Orakel Deiner Wahl) jeden Tag ein Stück Wahrsagespaß erleben und Deine Ideen und Eingebungen zur Tageskarte in den Bereich daneben notieren.

Starte den Tag entspannt mit Deinem Lieblingsorakel und nimm den

Rat der Karte mit in Deinen Tag.

Dein Wunderbuch hält Deine Notizen dazu für Dich fest.

b) Dankbarkeit zu einem festen, Wunder erschaffenden Bestandteil Deines Lebens machen. Du wirst sehen, je mehr Du am Tag notierst, was Dir Freude bereitet, wofür Du dankbar bist, desto mehr wird davon in Dein Leben kommen. Du beginnst, selbst Dein wundervolles Leben zu gestalten und mit dem zu füllen, was Dir Freude und Liebe bereitet.

c) und all Deine Ziele und Wünsche spielerisch zu erreichen (dafür kannst Du auch speziell eine Tageskarte ziehen und in Deiner Dankbarkeitsliste Deine bereits erreichten Schritte eintragen).

Du kannst dabei ein Wunschziel für 99 Tage angehen oder jeden Monat einen neuen Wunsch für Dich umsetzen. Was Dein Herz will, ist das Richtige für Dich! Glaube an Deine Wünsche und Träume und mach kleine Schritte zum Ziel. Du verdienst so viele Wunder wie nur möglich in Deinem Leben.

Spiele mit diesem Buch, wie DU es magst.

Mal die Datumsblume jeden Tag anders an. Genieße, wie Dein Kartenwissen mit jedem Tag tiefer und individueller wird.

Male oder bastle in die Ideen zum Ziel-Schriftrolle eine Collage, sammle

Deine Ideen dort schriftlich, male jeden Einfall dort als Bild hinein.

Schreibe Dir jeden Abend auf, wofür Du dankbar bist. So wird das, was Du liebst und was Dir Freude bereitet, mehr werden in Deinem Leben.

Ich wünsche Dir von Herzen viel Spaß mit Deinem Wunderbuch!

Du bist ein Wunder, denn das Göttliche hat Dich genau so gewollt, wie DU bist.

Lebe das Wunder, das DU bist!

Deine Isidora

_____

Karte des Tages

. . . .

. . . .

. . . .

. . . .

. . . .

Meine Ideen zu meinem Ziel

Dankbarkeitsliste

....

....

....

_____

Karte des Tages

....
....
....
....
....

Meine Ideen zu meinem Ziel

Dankbarkeitsliste

....

....

....

Karte des Tages

....

....

....

....

....

Meine Ideen zu meinem Ziel

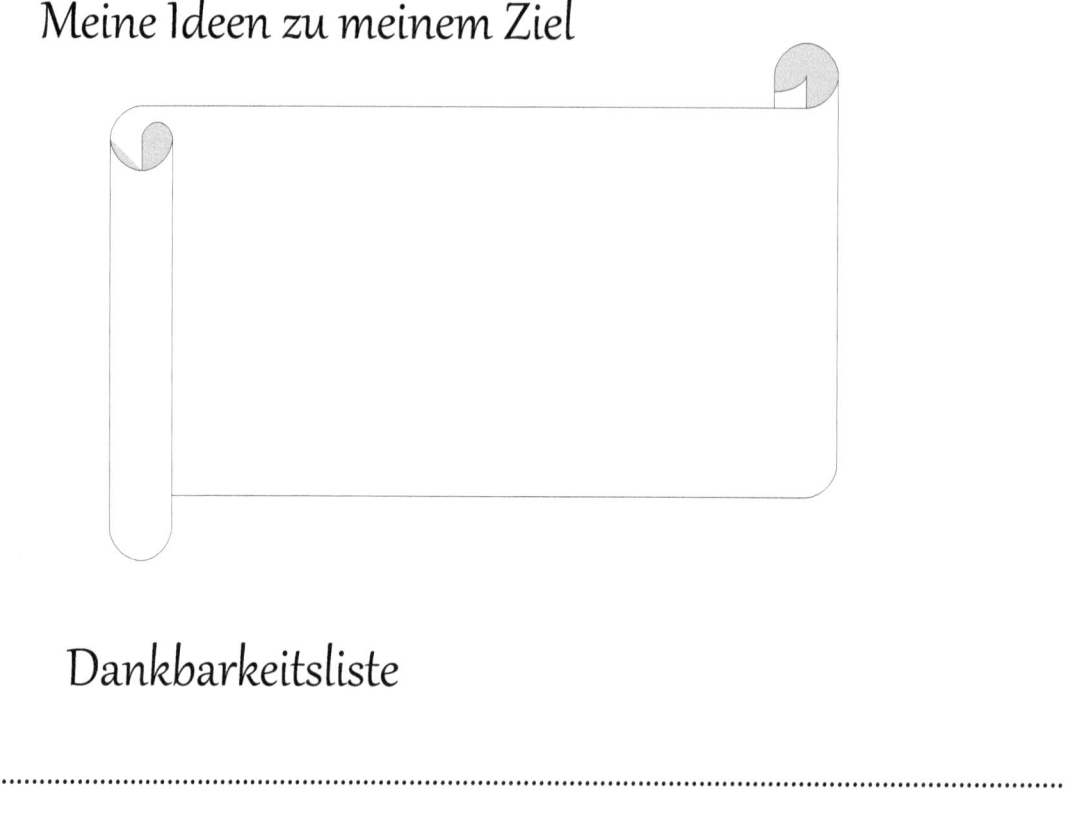

Dankbarkeitsliste

....

....

....

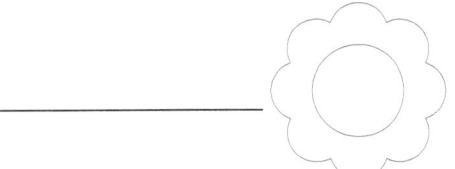

Karte des Tages

....
....
....
....
....

Meine Ideen zu meinem Ziel

Dankbarkeitsliste

....

....

....

Karte des Tages

....
....
....
....
....

Meine Ideen zu meinem Ziel

Dankbarkeitsliste

....

....

....

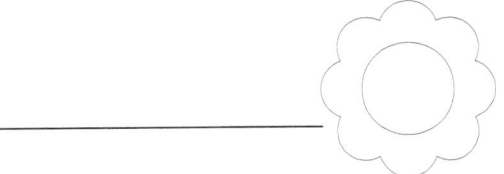

Karte des Tages

....

....

....

....

....

Meine Ideen zu meinem Ziel

Dankbarkeitsliste

....

....

....

Karte des Tages

....
....
....
....
....

Meine Ideen zu meinem Ziel

Dankbarkeitsliste

....

....

....

_____

Karte des Tages

....

....

....

....

....

Meine Ideen zu meinem Ziel

Dankbarkeitsliste

....

....

....

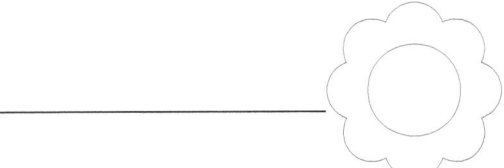

Karte des Tages

....
....
....
....
....

Meine Ideen zu meinem Ziel

Dankbarkeitsliste

....

....

....

Karte des Tages

....
....
....
....
....

Meine Ideen zu meinem Ziel

Dankbarkeitsliste

....

....

....

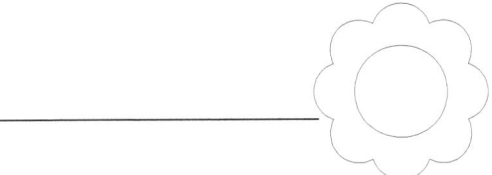

Karte des Tages

....
....
....
....
....

Meine Ideen zu meinem Ziel

Dankbarkeitsliste

....

....

....

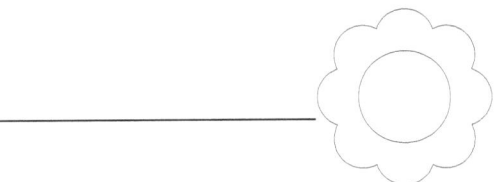

Karte des Tages

....
....
....
....
....

Meine Ideen zu meinem Ziel

Dankbarkeitsliste

....

....

....

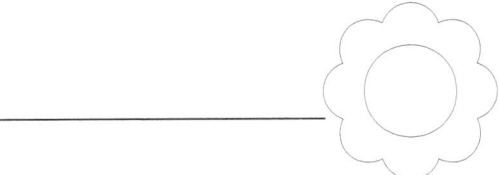

Karte des Tages

....
....
....
....
....

Meine Ideen zu meinem Ziel

Dankbarkeitsliste

....

....

....

_____

Karte des Tages

....
....
....
....
....

Meine Ideen zu meinem Ziel

Dankbarkeitsliste

....

....

....

Karte des Tages

....
....
....
....
....

Meine Ideen zu meinem Ziel

Dankbarkeitsliste

....

....

....

Karte des Tages

....
....
....
....
....

Meine Ideen zu meinem Ziel

Dankbarkeitsliste

....

....

....

Karte des Tages

....
....
....
....
....

Meine Ideen zu meinem Ziel

Dankbarkeitsliste

....

....

....

Karte des Tages

....
....
....
....
....

Meine Ideen zu meinem Ziel

Dankbarkeitsliste

....

....

....

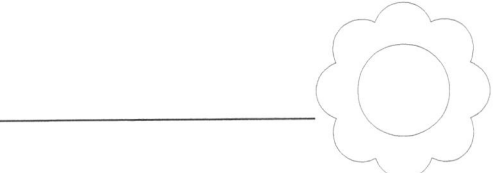

Karte des Tages

....
....
....
....
....

Meine Ideen zu meinem Ziel

Dankbarkeitsliste

....

....

....

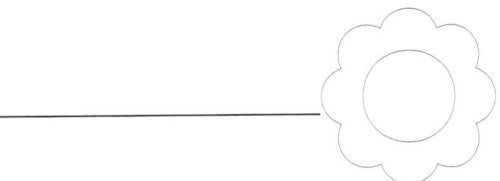

Karte des Tages

. . . .
. . . .
. . . .
. . . .
. . . .

Meine Ideen zu meinem Ziel

Dankbarkeitsliste

....

....

....

Karte des Tages

....
....
....
....
....

Meine Ideen zu meinem Ziel

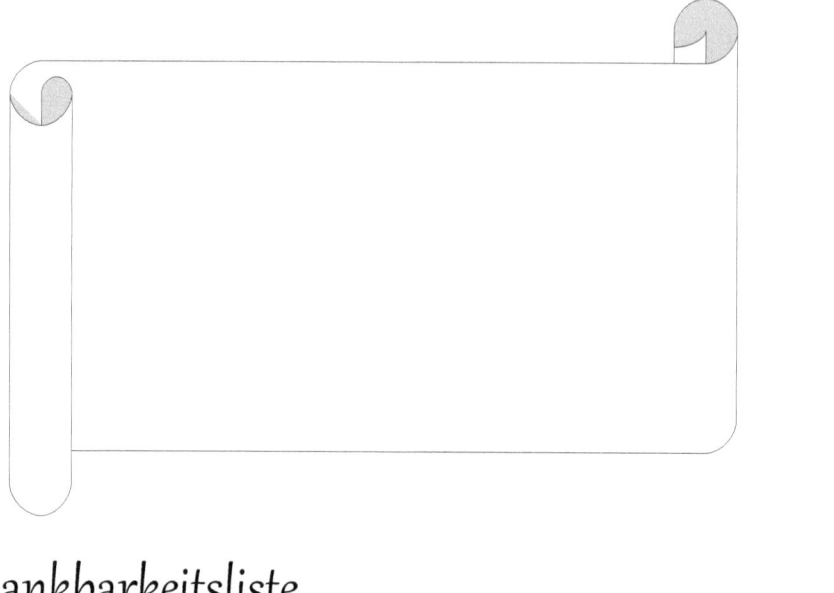

Dankbarkeitsliste

....

....

....

_____

Karte des Tages

. . . .
. . . .
. . . .
. . . .
. . . .

Meine Ideen zu meinem Ziel

Dankbarkeitsliste

....

....

....

_____

Karte des Tages

....
....
....
....
....

Meine Ideen zu meinem Ziel

Dankbarkeitsliste

....

....

....

Karte des Tages

....
....
....
....
....

Meine Ideen zu meinem Ziel

Dankbarkeitsliste

....

....

....

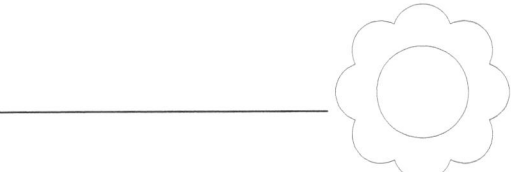

Karte des Tages

....
....
....
....
....

Meine Ideen zu meinem Ziel

Dankbarkeitsliste

....

....

....

_____

Karte des Tages

....
....
....
....
....

Meine Ideen zu meinem Ziel

Dankbarkeitsliste

....

....

....

Karte des Tages

....
....
....
....
....

Meine Ideen zu meinem Ziel

Dankbarkeitsliste

....

....

....

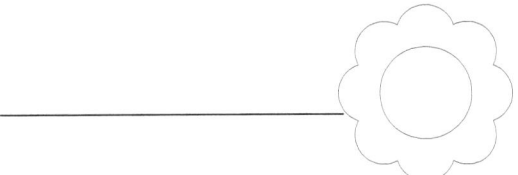

Karte des Tages

....

....

....

....

....

Meine Ideen zu meinem Ziel

Dankbarkeitsliste

....

....

....

Karte des Tages

....
....
....
....
....

Meine Ideen zu meinem Ziel

Dankbarkeitsliste

....

....

....

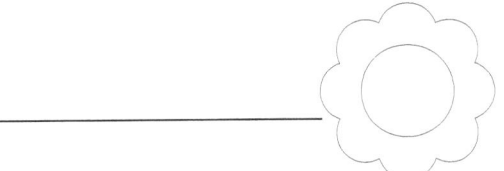

Karte des Tages

· ·
· ·
· ·
· ·
· ·

Meine Ideen zu meinem Ziel

Dankbarkeitsliste

....

....

....

Karte des Tages

....
....
....
....
....

Meine Ideen zu meinem Ziel

Dankbarkeitsliste

....

....

....

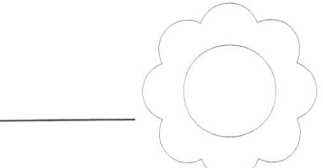

Karte des Tages

....
....
....
....
....

Meine Ideen zu meinem Ziel

Dankbarkeitsliste

....

....

....

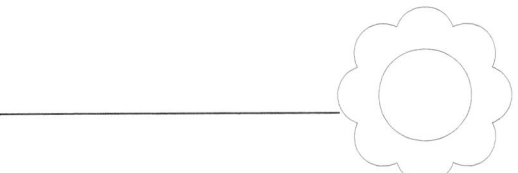

Karte des Tages

....
....
....
....
....

Meine Ideen zu meinem Ziel

Dankbarkeitsliste

....

....

....

Karte des Tages

....
....
....
....
....

Meine Ideen zu meinem Ziel

Dankbarkeitsliste

....

....

....

_____

Karte des Tages

....
....
....
....
....

Meine Ideen zu meinem Ziel

Dankbarkeitsliste

....

....

....

Karte des Tages

....
....
....
....
....

Meine Ideen zu meinem Ziel

Dankbarkeitsliste

....

....

....

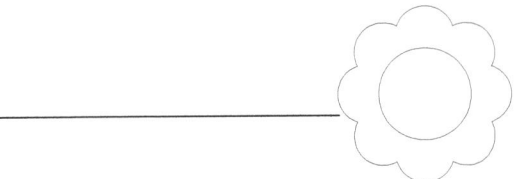

Karte des Tages

....
....
....
....
....

Meine Ideen zu meinem Ziel

Dankbarkeitsliste

....

....

....

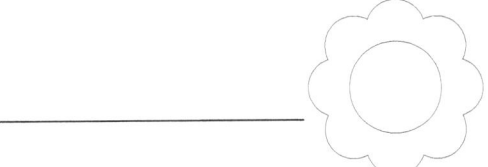

Karte des Tages

. . . .
. . . .
. . . .
. . . .
. . . .

Meine Ideen zu meinem Ziel

Dankbarkeitsliste

....

....

....

Karte des Tages

....
....
....
....
....

Meine Ideen zu meinem Ziel

Dankbarkeitsliste

....

....

....

_____

Karte des Tages

....
....
....
....
....

Meine Ideen zu meinem Ziel

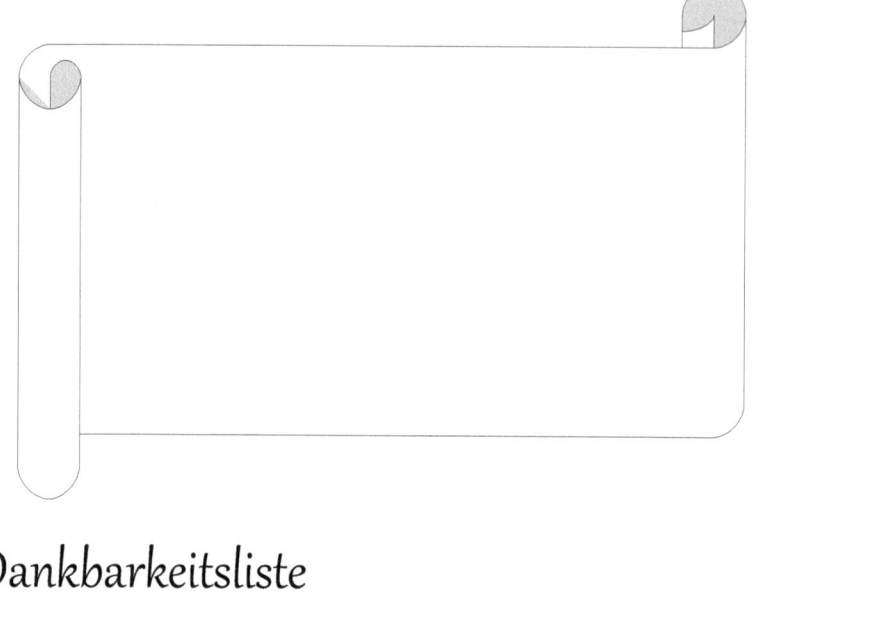

Dankbarkeitsliste

....

....

....

Karte des Tages

....
....
....
....
....

Meine Ideen zu meinem Ziel

Dankbarkeitsliste

....

....

....

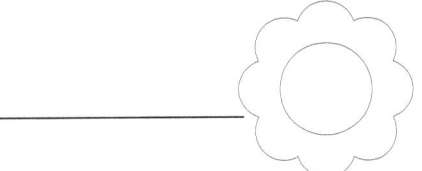

Karte des Tages

....
....
....
....
....

Meine Ideen zu meinem Ziel

Dankbarkeitsliste

....

....

....

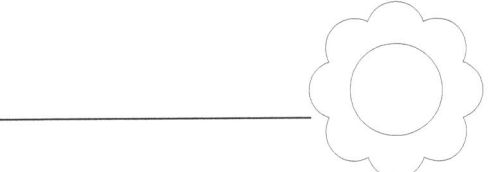

Karte des Tages

....
....
....
....
....

Meine Ideen zu meinem Ziel

Dankbarkeitsliste

....

....

....

Karte des Tages

....
....
....
....
....

Meine Ideen zu meinem Ziel

Dankbarkeitsliste

....

....

....

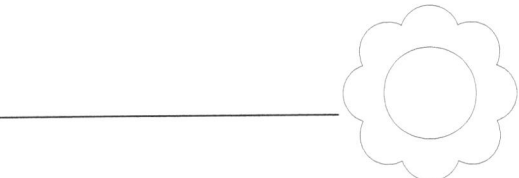

Karte des Tages

....
....
....
....
....

Meine Ideen zu meinem Ziel

Dankbarkeitsliste

....

....

....

_____

Karte des Tages

....
....
....
....
....

Meine Ideen zu meinem Ziel

Dankbarkeitsliste

....

....

....

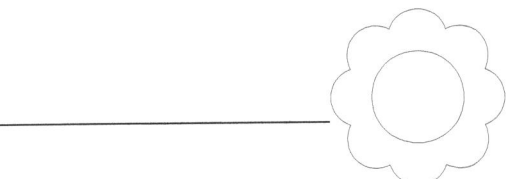

Karte des Tages

....

....

....

....

....

Meine Ideen zu meinem Ziel

Dankbarkeitsliste

....

....

....

Karte des Tages

....
....
....
....
....

Meine Ideen zu meinem Ziel

Dankbarkeitsliste

....

....

....

Karte des Tages

....
....
....
....
....

Meine Ideen zu meinem Ziel

Dankbarkeitsliste

....

....

....

Karte des Tages

....
....
....
....
....

Meine Ideen zu meinem Ziel

Dankbarkeitsliste

....

....

....

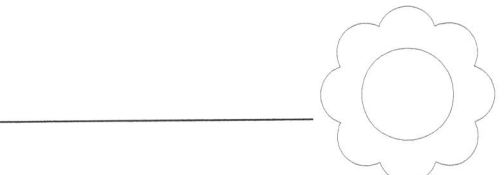

Karte des Tages

....
....
....
....
....

Meine Ideen zu meinem Ziel

Dankbarkeitsliste

....

....

....

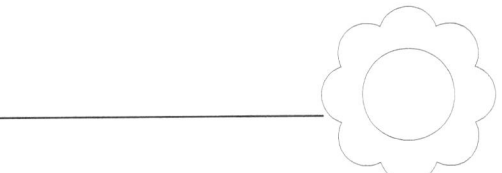

Karte des Tages

....
....
....
....
....

Meine Ideen zu meinem Ziel

Dankbarkeitsliste

....

....

....

_____

Karte des Tages

....
....
....
....
....

Meine Ideen zu meinem Ziel

Dankbarkeitsliste

....

....

....

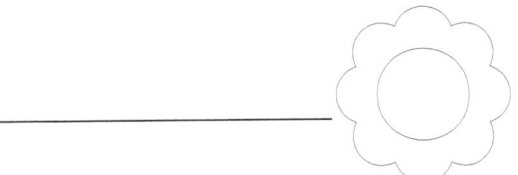

Karte des Tages

....
....
....
....
....

Meine Ideen zu meinem Ziel

Dankbarkeitsliste

....

....

....

Karte des Tages

....
....
....
....
....

Meine Ideen zu meinem Ziel

Dankbarkeitsliste

....

....

....

_____

Karte des Tages

....
....
....
....
....

Meine Ideen zu meinem Ziel

Dankbarkeitsliste

....

....

....

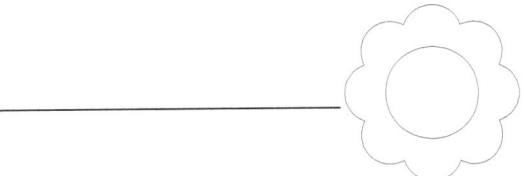

Karte des Tages

....
....
....
....
....

Meine Ideen zu meinem Ziel

Dankbarkeitsliste

....

....

....

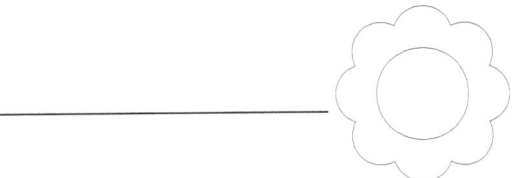

Karte des Tages

. . . .
. . . .
. . . .
. . . .
. . . .

Meine Ideen zu meinem Ziel

Dankbarkeitsliste

....

....

....

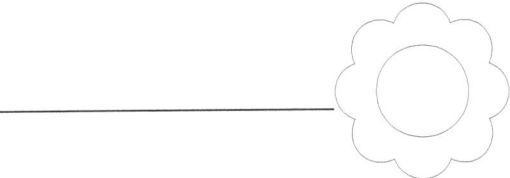

Karte des Tages

....
....
....
....
....

Meine Ideen zu meinem Ziel

Dankbarkeitsliste

....

....

....

Karte des Tages

....
....
....
....
....

Meine Ideen zu meinem Ziel

Dankbarkeitsliste

....

....

....

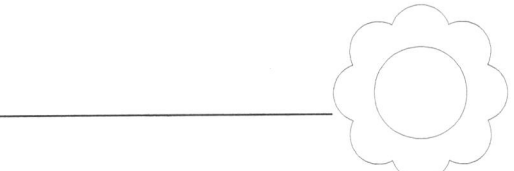

Karte des Tages

....

....

....

....

....

Meine Ideen zu meinem Ziel

Dankbarkeitsliste

....

....

....

Karte des Tages

....
....
....
....
....

Meine Ideen zu meinem Ziel

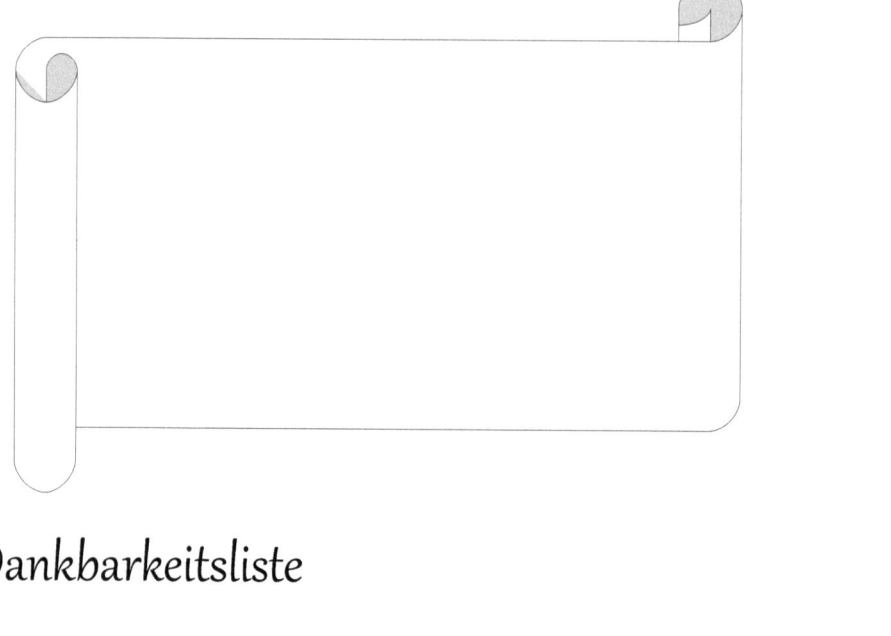

Dankbarkeitsliste

....

....

....

Karte des Tages

....
....
....
....
....

Meine Ideen zu meinem Ziel

Dankbarkeitsliste

....

....

....

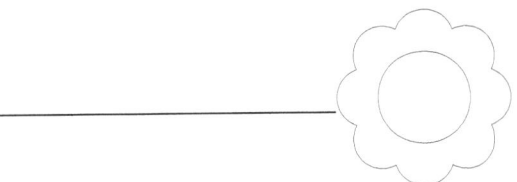

Karte des Tages

....

....

....

....

....

Meine Ideen zu meinem Ziel

Dankbarkeitsliste

....

....

....

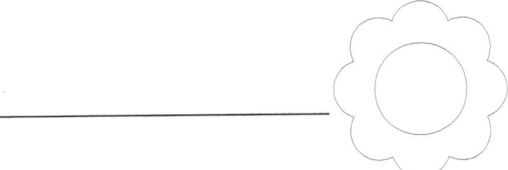

Karte des Tages

....
....
....
....
....

Meine Ideen zu meinem Ziel

Dankbarkeitsliste

....

....

....

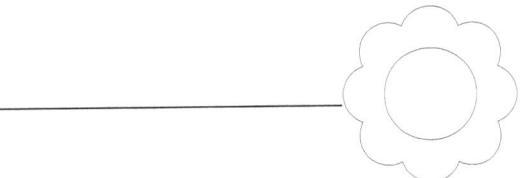

Karte des Tages

....
....
....
....
....

Meine Ideen zu meinem Ziel

Dankbarkeitsliste

....

....

....

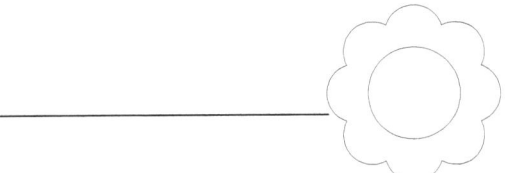

Karte des Tages

....

....

....

....

....

Meine Ideen zu meinem Ziel

Dankbarkeitsliste

....

....

....

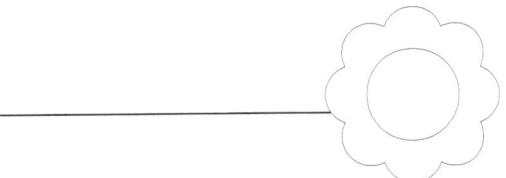

Karte des Tages

. . . .
. . . .
. . . .
. . . .
. . . .

Meine Ideen zu meinem Ziel

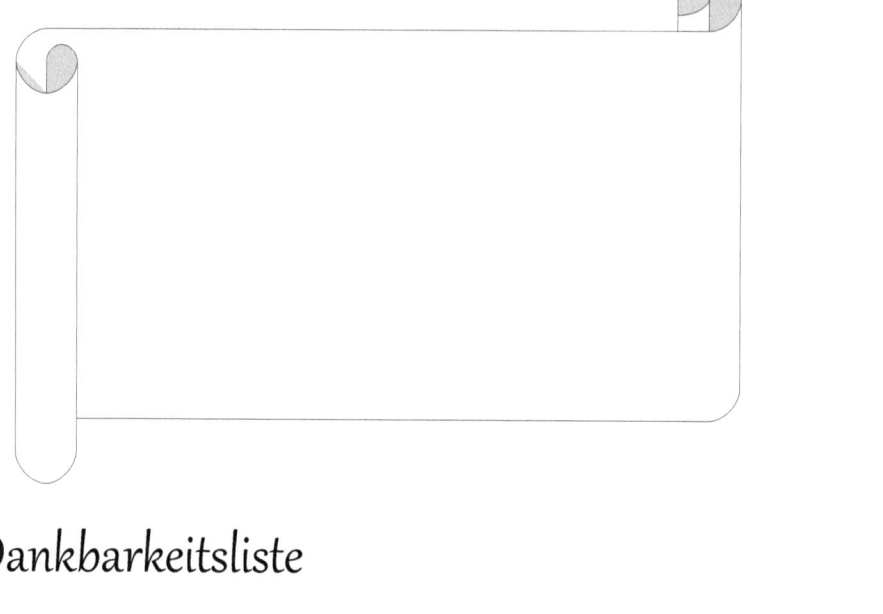

Dankbarkeitsliste

....

....

....

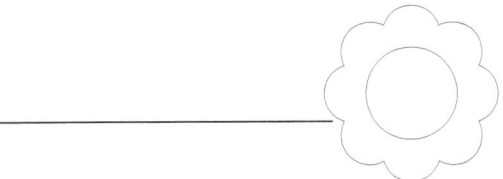

Karte des Tages

....
....
....
....
....

Meine Ideen zu meinem Ziel

Dankbarkeitsliste

....

....

....

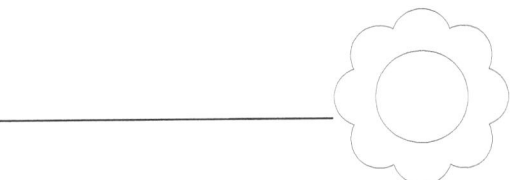

Karte des Tages

....

....

....

....

....

Meine Ideen zu meinem Ziel

Dankbarkeitsliste

....

....

....

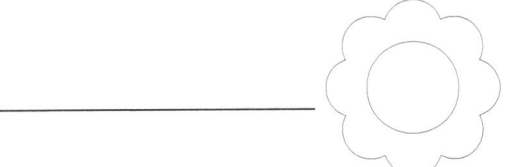

Karte des Tages

....
....
....
....
....

Meine Ideen zu meinem Ziel

Dankbarkeitsliste

....

....

....

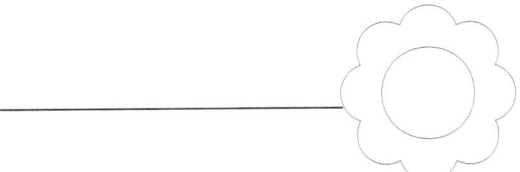

Karte des Tages

. . . .

Meine Ideen zu meinem Ziel

Dankbarkeitsliste

....

....

....

Karte des Tages

. . . .

. . . .

. . . .

. . . .

. . . .

Meine Ideen zu meinem Ziel

Dankbarkeitsliste

....

....

....

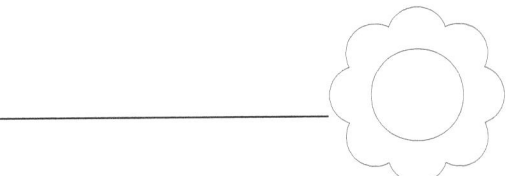

Karte des Tages

....
....
....
....
....

Meine Ideen zu meinem Ziel

Dankbarkeitsliste

....

....

....

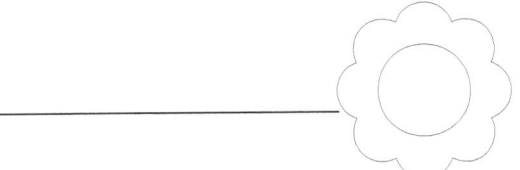

Karte des Tages

....
....
....
....
....

Meine Ideen zu meinem Ziel

Dankbarkeitsliste

....

....

....

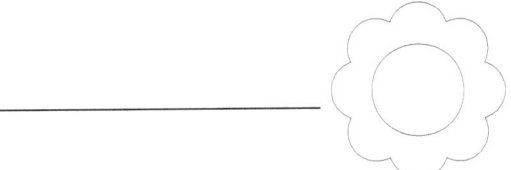

Karte des Tages

....
....
....
....
....

Meine Ideen zu meinem Ziel

Dankbarkeitsliste

....

....

....

_____

Karte des Tages

....
....
....
....
....

Meine Ideen zu meinem Ziel

Dankbarkeitsliste

....

....

....

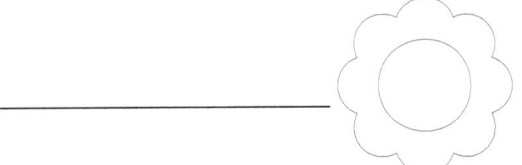

Karte des Tages

....
....
....
....
....

Meine Ideen zu meinem Ziel

Dankbarkeitsliste

....

....

....

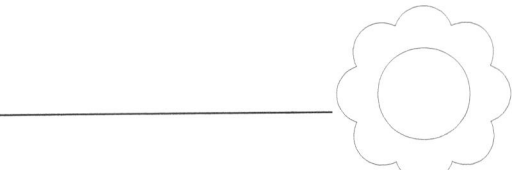

Karte des Tages

. . . .
. . . .
. . . .
. . . .
. . . .

Meine Ideen zu meinem Ziel

Dankbarkeitsliste

....

....

....

Karte des Tages

....
....
....
....
....

Meine Ideen zu meinem Ziel

Dankbarkeitsliste

....

....

....

Karte des Tages

....
....
....
....
....

Meine Ideen zu meinem Ziel

Dankbarkeitsliste

....

....

....

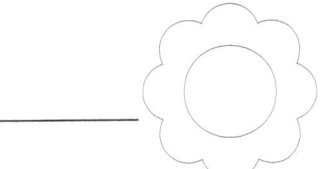

Karte des Tages

....
....
....
....
....

Meine Ideen zu meinem Ziel

Dankbarkeitsliste

....

....

....

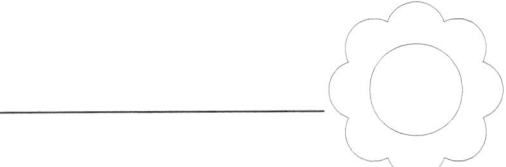

Karte des Tages

....

....

....

....

....

Meine Ideen zu meinem Ziel

Dankbarkeitsliste

....

....

....

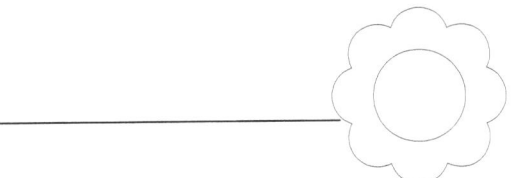

Karte des Tages

....
....
....
....
....

Meine Ideen zu meinem Ziel

Dankbarkeitsliste

....

....

....

Karte des Tages

....
....
....
....
....

Meine Ideen zu meinem Ziel

Dankbarkeitsliste

....

....

....

Karte des Tages

....
....
....
....
....

Meine Ideen zu meinem Ziel

Dankbarkeitsliste

....

....

....

Karte des Tages

....
....
....
....
....

Meine Ideen zu meinem Ziel

Dankbarkeitsliste

....

....

....

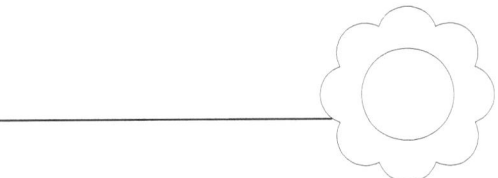

Karte des Tages

....
....
....
....
....

Meine Ideen zu meinem Ziel

Dankbarkeitsliste

....

....

....

Karte des Tages

....
....
....
....
....

Meine Ideen zu meinem Ziel

Dankbarkeitsliste

....

....

....

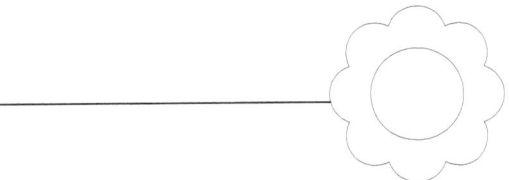

Karte des Tages

....
....
....
....
....

Meine Ideen zu meinem Ziel

Dankbarkeitsliste

....

....

....

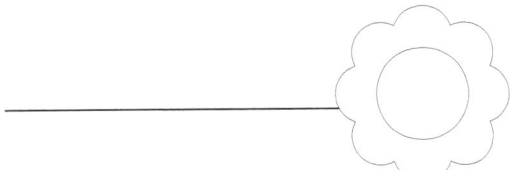

Karte des Tages

....
....
....
....
....

Meine Ideen zu meinem Ziel

Dankbarkeitsliste

....

....

....

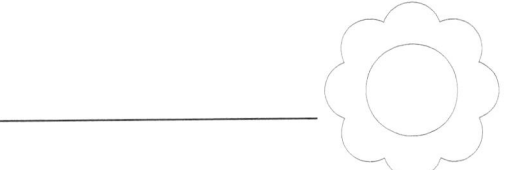

Karte des Tages

. . . .
. . . .
. . . .
. . . .
. . . .

Meine Ideen zu meinem Ziel

Dankbarkeitsliste

....

....

....

Karte des Tages

....
....
....
....
....

Meine Ideen zu meinem Ziel

Dankbarkeitsliste

....

....

....

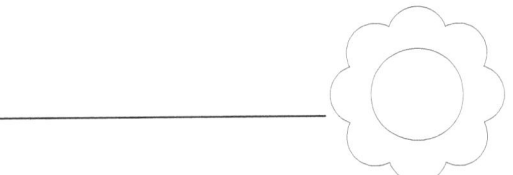

Karte des Tages

....
....
....
....
....

Meine Ideen zu meinem Ziel

Dankbarkeitsliste

....

....

....

Karte des Tages

....
....
....
....
....

Meine Ideen zu meinem Ziel

Dankbarkeitsliste

....

....

....

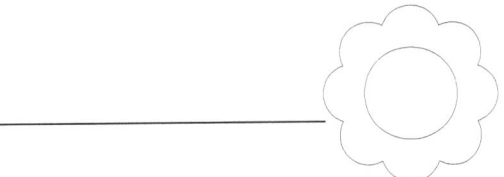

Karte des Tages

....
....
....
....
....

Meine Ideen zu meinem Ziel

Dankbarkeitsliste

....

....

....

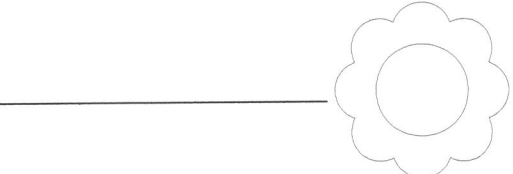

Karte des Tages

....
....
....
....
....

Meine Ideen zu meinem Ziel

Dankbarkeitsliste

....

....

....

_____

Karte des Tages

....
....
....
....
....

Meine Ideen zu meinem Ziel

Dankbarkeitsliste

....

....

....

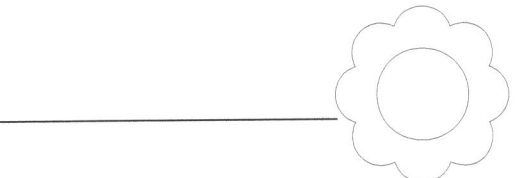

Karte des Tages

....
....
....
....
....

Meine Ideen zu meinem Ziel

Dankbarkeitsliste

....

....

....